Impressum
Verlag: BABADADA GmbH, Nedderfeld 112 , 22529 Hamburg
Geschäftsführer / Verlagsleitung: Harald Hof
Druck: Books on Demand GmbH, In de Tarpen 42, 22848 Norderstedt

Imprint
Publisher: BABADADA GmbH, Nedderfeld 112 , 22529 Hamburg, Germany
Managing Director / Publishing direction: Harald Hof
Print: Books on Demand GmbH, In de Tarpen 42, 22848 Norderstedt

aula
la salle de classe

dividir
diviser

$186/2$

pizarrón
le tableau noir

patio de escuela
la cour de récréation

maestro
l'enseignant

papel
le papier

escribir
écrire

birome
le stylo

escritorio
le bureau

regla
la règle

libro
le livre

alumno
l'élève

mochila

le sac d'école

caja de lápices

la trousse

lápiz

le crayon

sacapuntas

le taille-crayon

goma (de borrar)

la gomme

bloc de dibujo

le carnet à dessin

dibujo

le dessin

pincel

le pinceau

caja de pinturas

la boîte de peinture

tijera

les ciseaux

pegamento

la colle

cuaderno de ejercicios

le cahier d'exercices

tarea

les tâches

número

le chiffre

sumar

additionner

restar

soustraire

multiplicar

multiplier

calcular

calculer

letra

la lettre

abecedario

l'alphabet

palabra

le mot

texto

le texte

leer

lire

tiza

la craie

lección

la leçon

cuaderno de clase

le livre de classe

examen

l'examen

certificado

le certificat

uniforme escolar

l'uniforme scolaire

educación

la formation

enciclopedia

le lexique

universidad

l'université

microscopio

le microscope

mapa

la carte

tacho (de basura)

la corbeille à papier

hotel
l'hôtel

hostel
l'auberge

casa de cambio
le bureau de change

valija
la valise

auto
la voiture

idioma
la langue

sí / no
oui / non

Está bien
d'accord

hola
Salut

traductor
l'interprète

Gracias
merci

¿cuánto cuesta…?

Combien coûte...?

No entiendo

Je ne comprends pas

problema

le problème

¡Buenas tardes!

Bonsoir!

¡Buenos días!

Bonjour!

¡Buenas noches!

Bonne nuit!

adiós

Au revoir

dirección

la direction

equipaje

les bagages

bolso

le sac

mochila

le sac-à-dos

invitado

l'hôte

habitación

la pièce

bolsa de dormir

le sac de couchage

carpa

la tente

información turística

l'office de tourisme

playa

la plage

tarjeta de crédito

la carte de crédit

desayuno

le petit-déjeuner

almuerzo

le déjeuner

cena

le dîner

pasaje

le billet

ascensor

l'ascenseur

sello

le timbre

frontera

la frontière

aduana

la douane

embajada

l'ambassade

visa

le visa

pasaporte

le passeport

avión
l'avion

barco
le navire

autobomba
le véhicule de pompiers

colectivo
le bus

camión
le camion

bicicleta
la bicyclette

ncha a motor
e bateau à moteur

auto
la voiture

ferry
le ferry

bote
la barque

moto
la moto

patrullero
la voiture de police

auto de carreras
la voiture de course

auto de alquiler
la voiture de location

alquiler de autos

l'autopartage

grúa

la dépanneuse

camión de basura

la benne à ordures

motor

le moteur

nafta

l'essence

estación de servicio

la station d'essence

señal de tránsito

le panneau indicateur

tránsito

le trafic

embotellamiento

l'embouteillage

estacionamiento

le parking

estación de tren

la gare

vías

les rails

tren

le train

tranvía

le tram

vagón

le wagon

helicóptero

l'hélicoptère

aeropuerto

l'aéroport

torre

la tour

pasajero

le passager

contenedor

le container

caja de cartón

le carton

carretilla

le chariot

canasta

la corbeille

despegar / aterrizar

décoller / atterrir

ciudad
la ville

pueblo

le village

centro de ciudad

le centre-ville

casa

la maison

cine
le cinéma

publicidad
la publicité

farol
le réverbère

calle
la rue

taxi
le taxi

kiosco
le kiosque

peatón
le piéton

vereda
le trottoir

paso peatonal
le passage piéton

contenedor de basura
la poubelle

cruce
le carrefour

semáforo
les feux de circulation

cabaña

la cabane

departamento

l'appartement

estación de tren

la gare

municipalidad

la mairie

museo

le musée

colegio

l'école

universidad

l'université

banco

la banque

hospital

l'hôpital

hotel

l'hôtel

farmacia

la pharmacie

oficina

le bureau

librería

la librairie

negocio

le magasin

florería

le fleuriste

supermercado

le supermarché

mercado

le marché

grandes tiendas

le grand magasin

pescadería

la poissonnerie

centro comercial

le centre commercial

puerto

le port

parque

le parc

banco

la banque

puente

le pont

escaleras

les escaliers

subte

le métro

túnel

le tunnel

parada del colectivo

l'arrêt de bus

bar

le bar

restaurante

le restaurant

buzón

la boîte à lettres

letrero

le panneau indicateur

parquímetro

le parcomètre

zoológico

le zoo

pileta

le réverbère

mezquita

la mosquée

granja

la ferme

contaminación

la pollution

cementerio

le cimetière

iglesia

l'église

juegos infantiles

l'aire de jeux

templo

le temple

paisaje
le paysage

hoja
la feuille

poste indicador
le panneau indicateur

camino
le chemin

pradera
le pré

piedra
la pierre

excursionista
le randonneur

árbol
l'arbre

río
la rivière

hierba
l'herbe

flor
la fleur

valle

la vallée

montaña

la montagne

lago

le lac

bosque

la forêt

desierto

le désert

volcán

le volcan

castillo

le château

arco iris

l'arc-en-ciel

champiñón

le champignon

palmera

le palmier

mosquito

le moustique

mosca

la mouche

hormiga

les fourmis

abeja

l'abeille

araña

l'araignée

escarabajo

le scarabée

rana

la grenouille

ardilla

l'écureuil

erizo

le hérisson

liebre

le lapin

lechuza

la chouette

pájaro

l'oiseau

cisne

le cygne

jabalí

le sanglier

ciervo

le cerf

alce

l'élan

presa

le barrage

aerogenerador

l'éolienne

panel solar

le panneau solaire

clima

le climat

mozo
le serveur

menú
le menu

silla
la chaise

sopa
la soupe

pizza
la pizza

cubiertos
les services

mantel
la nappe

entrada
les hors d'œuvre

plato principal
le plat principal

postre
le dessert

bebidas
les boissons

comida
l'alimentation

botella
la bouteille

comida rápida

le fast-food

comida callejera

les plats à emporter

tetera

la théière

azucarera

le sucrier

porción

la portion

cafetera expreso

la machine à expresso

sillita alta

la chaise haute

cuenta

la facture

bandeja

le plateau

cuchillo

le couteau

tenedor

la fourchette

cuchara

la cuillère

cucharita

la cuillère à thé

servilleta

la serviette

vaso

le verre

plato

l'assiette

plato hondo

l'assiette à soupe

plato

la soucoupe

salsa

la sauce

salero

la salière

molinillo de pimienta

le moulin à poivre

vinagre

le vinaigre

aceite

l'huile

especias

les épices

kétchup

le ketchup

mostaza

la moutarde

mayonesa

la mayonnaise

oferta especial
l'offre promotionnelle

cliente
le client

lácteos
les produits laitiers

fruta
les fruits

changuito
le caddie

carnicería
la boucherie

panadería
la boulangerie

pesar
peser

verduras
les légumes

carne
la viande

alimentos congelados
les aliments surgelés

fiambres
la charcuterie

alimentos enlatados
les conserves

detergente en polvo
la poudre à lessive

golosinas
les bonbons

electrodomésticos
les articles ménagers

productos de limpieza
les détergents

vendedora
la vendeuse

caja
la caisse

cajero
le caissier

lista de compras
la liste d'achats

horario de atención
les heures d'ouverture

billetera
le portefeuille

tarjeta de crédito
la carte de crédit

cartera
le sac

bolsa de plástico
le sac en plastique

agua

l'eau

jugo

le jus de fruit

leche

le lait

bebida cola

le coca

vino

le vin

cerveza

la bière

alcohol

l'alcool

cacao

le chocolat chaud

té

le thé

café

le café

café expreso

l'expresso

cappuccino

le cappuccino

banana

la banane

manzana

la pomme

naranja

l'orange

melón

le melon

limón

le citron

zanahoria

la carotte

ajo

l'ail

bambú

le bambou

cebolla

l'oignon

champiñón

le champignon

nueces

les noisettes

fideos

les pâtes

tallarines

les spaghettis

arroz

le riz

ensalada

la salade

papas fritas

les frites

papas fritas

les pommes de terre rôties

pizza

la pizza

hamburguesa

le hamburger

sándwich

le sandwich

churrasco

l'escalope

jamón

le jambon

salame

le salami

salchicha

la saucisse

pollo

le poulet

asado

le rôti

pescado

le poisson

copos de avena

les flocons d'avoine

muesli

le muesli

copos de maíz

les cornflakes

harina

la farine

medialuna

le croissant

pancito

les petits-pains

pan

le pain

tostada

le pain grillé

galletitas

les biscuits

manteca

le beurre

cuajada

le fromage blanc

torta

le gâteau

huevo

l'œuf

huevo frito

l'œuf au plat

queso

le fromage

helado

la glace

azúcar

le sucre

miel

le miel

mermelada

la confiture

pasta de chocolate

la crème nougat

curry

le curry

comida - l'alimentation

granja
la ferme

granero
la grange

fardo de paja
la botte de paille

campo
le champ

caballo
le cheval

remolque
la remorque

potrillo
le poulain

tractor
le tracteur

burro
l'âne

cordero
l'agneau

oveja
le mouton

cabra
la chèvre

vaca
la vache

ternero
le veau

cerdo
le porc

lechón
le porcelet

toro
le taureau

ganso

l'oie

pato

le canard

pollo

le poussin

gallina

la poule

gallo

le coq

rata

le rat

gato

le chat

ratón

la souris

buey

le bœuf

perro

le chien

cucha

le chenil

manguera

le tuyau de jardin

regadera

l'arrosoir

guadaña

la faucheuse

arado

la charrue

hoz

la faucille

azada

la pioche

horquilla

la fourche

hacha

la hache

carretilla

la brouette

abrevadero

la cuve

lechera

le pot à lait

bolsa

le sac

reja

la clôture

establo

l'étable

invernadero

la serre

suelo

le sol

semilla

les semences

fertilizador

l'engrais

cosechadora

la moissonneuse-batteuse

cosechar

récolter

cosecha

la récolte

batatas

l'igname

trigo

le blé

soja

le soja

papa

la pomme de terre

maíz

le maïs

semilla de colza

le colza

árbol frutal

l'arbre fruitier

mandioca

le manioc

cereales

les céréales

chimenea
la cheminée

techo
le toit

caño de desagüe
la gouttière

ventana
la fenêtre

garaje
le garage

timbre
la sonnette

puerta
la porte

tacho de basura
la poubelle

buzón
la boîte aux lettres

jardín
le jardin

living
le salon

baño
la chambre de bain

cocina
la cuisine

dormitorio
la chambre à coucher

cuarto de los chicos
la chambre d'enfant

comedor
la salle à manger

piso

le sol

pared

le mur

cielorraso

le plafond

sótano

la cave

sauna

le sauna

balcón

le balcon

terraza

la terrasse

pileta

la piscine

cortadora de pasto

la tondeuse à gazon

sábana

la fourre de duvet

acolchado

la couette

cama

le lit

escoba

le balai

balde

le sceau

interruptor

l'interrupteur

empapelado
le papier peint

imagen
l'image

lámpara
la lampe

estante
l'étagère

armario
l'armoire

chimenea
la cheminée

televisión
la télé

flor
la fleur

almohadón
le coussin

sofá
le canapé

florero
le vase

control remoto
la télécommande

alfombra
le tapis

cortina
le rideau

mesa
la table

silla
la chaise

mecedora
la chaise à bascule

sillón
le fauteuil

libro
le livre

frazada
la couverture

decoración
la décoration

leña
le bois de chauffage

película
le film

equipo de música
la chaîne hi-fi

llave
la clé

diario
le journal

pintura
la peinture

póster
le poster

radio
la radio

cuaderno
le bloc-notes

aspiradora
l'aspirateur

cactus
le cactus

vela
la bougie

heladera
le frigo

microondas
le four à micro-ondes

balanza de cocina
la balance de cuisine

tostadora
le toasteur

detergente
le détergent

horno
le four

freezer
le compartiment congélateur

tacho de basura
la poubelle

lavaplatos
le lave-vaisselle

cocina
le four

olla
la casserole

olla de hierro fundido
la marmite

wok
le wok/kadai

sartén
la poêle

pava
la bouilloire électrique

vaporera

le cuiseur vapeur

bandeja de horno

la plaque de cuisson

vajilla

la vaisselle

taza

le gobelet

bol

le bol

palitos

les baguettes

cucharón

la louche

estpátula

la spatule

batidora

le fouet

colador

la passoire

colador

le tamis

rallador

la râpe

mortero

le mortier

parrilla

le barbecue

fogata

la cheminée

tabla de picar

la planche à découper

palo de amasar

le rouleau à pâtisserie

sacacorchos

le tire-bouchon

lata

la boîte

abrelatas

l'ouvre-boîte

manopla

les maniques

pileta

le lavabo

cepillo

la brosse

esponja

l'éponge

batidora

le mixeur

congelador

le congélateur

mamadera

le biberon

canilla

le robinet

baño

la chambre de bain

calefacción
le chauffage

ducha
la douche

toalla
la serviette

cortina de ducha
le rideau de douche

baño de espuma
le bain moussant

bañadera
la baignoire

vaso
le verre

lavarropas
la machine à laver

canilla
le robinet

baldosas
le carrelage

pelela
le pot

pileta
le lavabo

inodoro

les toilettes

letrina

la toilette à la turque

bidé

le bidet

mingitorio

l'urinoir

papel higiénico

le papier toilette

cepillo para el inodoro

la brosse à toilette

cepillo de dientes

la brosse à dents

dentífrico

le dentifrice

hilo dental

le fil dentaire

lavar

laver

ducha de mano

la douche manuelle

ducha higiénica

la douche intime

palangana

la vasque

cepillo para espalda

la brosse dorsale

jabón

le savon

gel de ducha

le gel douche

shampoo

le shampooing

toallita

le gant de toilette

desagüe

l'écoulement

crema

la crème

desodorante

le déodorant

espejo

le miroir

espejito

le miroir cosmétique

maquinita de afeitar

le rasoir

espuma de afeitar

la mousse à raser

aftershave

l'après-rasage

peine

la peigne

cepillo

la brosse

secador de pelo

le sèche-cheveux

spray

la laque pour cheveux

maquillaje

le fond de teint

lápiz de labios

le rouge à lèvres

esmalte para uñas

le vernis à ongles

algodón

l'ouate

tijera para uñas

le coupe-ongles

perfume

le parfum

portacosméticos

la trousse de toilette

banqueta

le tabouret

balanza

la balance

bata

le peignoir

guantes de goma

les gants de nettoyage

tampón

le tampon

toallita femenina

es serviettes hygiéniques

baño químico

la toilette chimique

despertador
le réveil

peluche
le doudou

coche de juguete
la voiture jouet

sonajero
le hochet

casa de muñecas
la maison de poupée

regalo
le cadeau

globo

le ballon

cama

le lit

cochecito

la poussette

cartas

le jeu de cartes

rompecabezas

le puzzle

historieta

la bande dessinée

piezas de lego

les pièces lego

ladrillos de juguete

les blocs de construction

figura de acción

la figurine

enterito (de bebé)

la grenouillère

frisbee

le frisbee

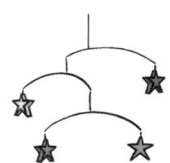

móvil para bebés

le mobile

juego de mesa

le jeu de société

dados

le dé

tren eléctrico

le train miniature

chupete

la sucette

fiesta

la fête

libro de cuentos ilustrado

le livre d'images

pelota

la balle

muñeca

la poupée

jugar

jouer

arenero

le bac à sable

hamaca

la balançoire

juguetes

les jouets

consola de videojuegos

la console de jeu

triciclo

le tricycle

osito de peluche

l'ours en peluche

armario

l'armoire

ropa
les vêtements

medias

les chaussettes

medias panty

les bas

calzas

le collant

bufanda
l'écharpe

paraguas
le parapluie

remera
le t-shirt

cinturón
la ceinture

botas
les bottes

pantuflas
les pantoufles

zapatillas
les baskets

sandalias
....
les sandales

zapatos
....
les chaussures

botas de goma
....
les bottes de caoutchouc

ropa interior
....
le linge de corps

corpiño
....
le soutien-gorge

chaleco
....
le maillot de corps

body
le body

pantalones
le pantalon

jeans
le jean

pollera
la jupe

blusa
le chemisier

camisa
la chemise

pulóver
le pull

buzo
le pull-over à capuche

blazer
la veste

campera
la veste

tapado
le manteau

piloto
l'imperméable

traje
le costume

vestido
la robe

vestido de novia
la robe de mariée

traje

le costume

camisón

la chemise de nuit

pijama

le pyjama

sari

le sari

pañuelo para cabeza

le foulard

turbante

le turban

burka

la burqa

caftán

le caftan

abaya

l'abaya

traje de baño

le maillot de bain

short de baño

le costume de bain

shorts

les cuissettes

jogging

la tenue d'entraînement

delantal

le tablier

guantes

les gants

botón

le bouton

anteojos

les lunettes

pulsera

le bracelet

collar

le collier

anillo

la bague

aro

la boucle d'oreille

gorra

le bonnet

percha

le cintre

sombrero

le chapeau

corbata

la cravate

cierre

la fermeture éclair

casco

le casque

tiradores

les bretelles

uniforme escolar

l'uniforme scolaire

uniforme

l'uniforme

babero
....
le bavoir

chupete
....
la sucette

pañal
....
la couche

servidor
le serveur

archivero
l'armoire d'archivage

impresora
l'imprimante

monitor
l'écran

papel
le papier

escritorio
le bureau

mouse
la souris

carpeta
le classeur

teclado
le clavier

tacho (de basura)
la corbeille à papier

silla
la chaise

computadora
l'ordinateur

taza de café
....
la tasse à café

calculadora
....
la calculatrice

internet
....
l'internet

laptop

l'ordinateur portable

carta

la lettre

mensaje

le message

celular

le portable

red

le réseau

fotocopiadora

la photocopieuse

software

le logiciel

teléfono

le téléphone

tomacorriente

la prise

fax

le fax

formulario

le formulaire

documento

le document

comprar

acheter

pagar

payer

hacer negocios

marchander

dinero

la monnaie

dólar

le dollar

euro

l'euro

yen

le yen

rublo

le rouble

franco suizo

le franc suisse

yuan

le renminbi yuan

rupia

la roupie

cajero automático

le distributeur automatique

casa de cambio

le bureau de change

oro

l'or

plata

l'argent

petróleo

le pétrole

energía

l'énergie

precio

le prix

contrato

le contrat

impuesto

la taxe

acción

l'action

trabajar

travailler

empleado

l'employé

empleador

l'employeur

fábrica

l'usine

negocio

le magasin

policía
l'agent de police

bombero
le pompier

cocinero
le cuisinier

médico
le médecin

piloto
le pilote

jardinero

le jardinier

carpintero

le menuisier

modista

la couturière

juez

le juge

farmacéutico

le chimiste

actor

l'acteur

colectivero

le conducteur de bus

taxista

le chauffeur de taxi

pescador

le pêcheur

mucama

la femme de ménage

techista

le couvreur

mozo

le serveur

cazador

le chasseur

pintor

le peintre

panadero

le boulanger

electricista

l'électricien

albañil

l'ouvrier

ingeniero

l'ingénieur

carnicero

le boucher

plomero

le plombier

cartero

le facteur

soldado

le soldat

arquitecto

l'architecte

cajero

le caissier

florista

le fleuriste

peluquero

le coiffeur

cobrador

le contrôleur

mecánico

le mécanicien

capitán

le capitaine

dentista

le dentiste

científico

le scientifique

rabino

le rabbin

imán

l'imam

monje

le moine

sacerdote

le prêtre

martillo
le marteau

tenaza
les pinces

destornillador
le tournevis

llave
la clé

linterna
la torche

excavadora

la pelleteuse

caja de herramientas

la boîte à outils

escalera portátil

l'échelle

sierra

la scie

clavos

les clous

taladro

la perceuse

arreglar

réparer

pala de jardín

la pelle

¡Qué bronca!

Mince!

pala de plástico

la pelle

tacho de pintura

le pot de peinture

tornillos

les vis

instrumentos musicales
les instruments de musique

batería
la batterie

parlante
le haut-parleur

guitarra
la guitare

contrabajo
la contrebasse

trompeta
la trompette

piano

le piano

violín

le violon

bajo

la basse

timbales

les timbales

tambor

le tambour

teclado

le piano électrique

saxofón

le saxophone

flauta

la flûte

micrófono

le microphone

tigre
le tigre

entrada
l'entrée

jaula
la cage

cebra
le zèbre

alimento para animales
l'alimentation animale

oso panda
le panda

animales

les animaux

elefante

l'éléphant

canguro

le kangourou

rinoceronte

le rhinocéros

gorila

le gorille

oso

l'ours

camello

le chameau

avestruz

l'autruche

león

le lion

mono

le singe

flamenco

le flamand rose

loro

le perroquet

oso polar

l'ours polaire

pingüino

le pingouin

tiburón

le requin

pavo real

le paon

serpiente

le serpent

cocodrilo

le crocodile

cuidador del zoológico

le gardien de zoo

foca

le phoque

jaguar

le jaguar

poni

le poney

leopardo

le léopard

hipopótamo

l'hippopotame

jirafa

la girafe

águila

l'aigle

jabalí

le sanglier

pescado

le poisson

tortuga

la tortue

morsa

le morse

zorro

le renard

gacela

la gazelle

fútbol americano
l'american Football

ciclismo
le cyclisme

tenis
le tennis

básquet
le basket-ball

natación
la natation

boxeo
la boxe

hockey sobre hielo
le hockey sur glace

fútbol
le football

bádminton
le badminton

atletismo
l'athlétisme

handball
le handball

esquí
le ski

polo
le polo

saltar
sauter

reír
rire

abrazar
embrasser

caminar
marcher

cantar
chanter

soñar
rêver

rezar
prier

besar
faire la bise

escribir
écrire

dibujar
dessiner

mostrar
montrer

presionar
pousser

dar
donner

tomar
prendre

tener
avoir

hacer
faire

ser
être

estar parado
être debout

correr
courir

tirar
trier

tirar
jeter

caer
tomber

estar acostado
être couché

esperar
attendre

llevar
porter

estar sentado
être assis

vestirse
s'habiller

dormir
dormir

despertar
se réveiller

mirar

regarder

llorar

pleurer

acariciar

caresser

peinar

peigner

hablar

parler

entender

comprendre

preguntar

demander

escuchar

écouter

beber

boire

comer

manger

ordenar

ranger

amar

aimer

cocinar

cuire

manejar

conduire

volar

voler

navegar

faire de la voile

calcular

calculer

leer

lire

aprender

apprendre

trabajar

travailler

casarse

se marier

coser

coudre

cepillarse los dientes

se brosser les dents

matar

tuer

fumar

fumer

enviar

envoyer

actividades - les activités

abuela
la grand-mère

abuelo
le grand-père

padre
le père

madre
la mère

bebé
le bébé

hija
la fille

hijo
le fils

invitado

l'hôte

tía

la tante

tío

l'oncle

hermano

le frère

hermana

la sœur

frente
le front

ojo
l'œil

hombro
l'épaule

dedo
le doigt

cara
le visage

pera
le menton

mano
la main

pecho
la poitrine

pierna
la jambe

brazo
le bras

bebé

le bébé

hombre

l'homme

mujer

la femme

nena

la fille

nene

le garçon

cabeza

la tête

espalda

le dos

panza

le ventre

ombligo

le nombril

dedo del pie

l'orteil

talón

le talon

hueso

l'os

cadera

la hanche

rodilla

le genou

codo

le coude

nariz

le nez

cola

les fesses

piel

la peau

cachete

la joue

oreja

l'oreille

labio

la lèvre

boca

la bouche

diente

la dent

lengua

la langue

cerebro

le cerveau

corazón

le cœur

músculo

le muscle

pulmón

les poumons

hígado

le foie

estómago

l'estomac

riñones

les reins

sexo

le rapport sexuel

preservativo

le préservatif

óvulo

l'ovule

semen

le sperme

embarazo

la grossesse

menstruación

la menstruation

vagina

le vagin

pene

le pénis

ceja

le sourcil

pelo

les cheveux

cuello

le cou

hospital
l'hôpital

ambulancia
l'ambulance

silla de ruedas
le fauteuil roulant

fractura
la fracture

médico
le médecin

sala de guardia
le service des urgences

enfermera
l'infirmière

emergencia
l'urgence

inconsciente
inconscient

dolor
la douleur

lesión

la blessure

hemorragia

l'hémorragie

infarto

la crise cardiaque

ACV

l'attaque cérébrale

alergia

l'allergie

tos

la toux

fiebre

la fièvre

gripe

la grippe

diarrea

la diarrhée

dolor de cabeza

le mal de tête

cáncer

le cancer

diabetes

le diabète

cirujano

le chirurgien

bisturí

le scalpel

operación

l'opération

TC
le CT

rayos x
la radiographie

ecografía
l'échographie

barbijo
le masque

enfermedad
la maladie

sala de espera
la salle d'attente

muleta
la béquille

curita
le pansement

venda
le pansement

inyección
l'injection

estetoscopio
le stéthoscope

camilla
le brancard

termómetro
le thermomètre

nacimiento
l'accouchement

sobrepeso
le surpoids

audífono

l'appareil auditif

desinfectante

le désinfectant

infección

l'infection

virus

le virus

VIH / SIDA

le VIH / le sida

remedio

le médicament

vacunación

la vaccination

comprimidos

les tablettes

pastilla anticonceptiva

la pilule

llamada de emergencia

l'appel d'urgence

tensiómetro

le tensiomètre

enfermo / sano

malade / sain

¡Ayuda!
Au secours!

alarma
l'alarme

agresión
l'agression

ataque
l'attaque

peligro
le danger

salida de emergencia
la sortie de secours

¡Fuego!
Au feu!

matafuego
l'extincteur

accidente
l'accident

botiquín de primeros
auxilios
la trousse de premier
secours

SOS
SOS

policía
la police

Europa

l'Europe

América del Norte

l'Amérique du Nord

América del Sur

l'Amérique du Sud

África

l'Afrique

Asia

l'Asie

Australia

l'Australie

Atlántico

l'Océan atlantique

Pacífico

l'Océan pacifique

Océano Índico

l'Océan indien

Océano Antártico

l'Océan antarctique

Océano Ártico

l'Océan arctique

polo norte

le Pôle nord

polo sur

le Pôle sud

Antártida

l'Antarctique

Tierra

la terre

tierra

le pays

mar

la mer

isla

l'île

nación

la nation

estado

l'état

esfera

le cadran

manecilla de las horas

l'aiguille des heures

minutero

l'aiguille des minutes

segundero

l'aiguille des secondes

¿Qué hora es?

Quelle heure est-il?

día

le jour

hora

le temps

ahora

maintenant

reloj digital

la montre digitale

minuto

la minute

hora

l'heure

lunes
lundi

miércoles
mercredi

viernes
vendredi

martes
mardi

sábado
samedi

jueves
jeudi

domingo
dimanche

ayer

hier

hoy

aujourd'hui

mañana

demain

mañana

le matin

mediodía

le midi

tarde

le soir

MO	TU	WE	TH	FR	SA	SU
1	2	3	4	5	6	7
8	9	10	11	12	13	14
15	16	17	18	19	20	21
22	23	24	25	26	27	28
29	30	31	1	2	3	4

días hábiles

les jours ouvrables

MO	TU	WE	TH	FR	SA	SU
1	2	3	4	5	6	7
8	9	10	11	12	13	14
15	16	17	18	19	20	21
22	23	24	25	26	27	28
29	30	31	1	2	3	4

fin de semana

le week-end

lluvia
la pluie

arco iris
l'arc-en-ciel

viento
le vent

nieve
la neige

primavera
le printemps

verano
l'été

otoño
l'automne

invierno
l'hiver

4.APRIL	11°	
5.APRIL	4°	
6.APRIL	13°	
7.APRIL	8°	
8.APRIL	10°	

pronóstico meteorológico
la météo

termómetro
le thermomètre

luz del sol
la lumière du soleil

nube
le nuage

niebla
le brouillard

humedad
l'humidité

rayo

la foudre

trueno

le tonnerre

tormenta

la tempête

granizo

la grêle

monzón

la mousson

inundación

l'inondation

hielo

la glace

enero

janvier

febrero

février

marzo

mars

abril

avril

mayo

mai

junio

juin

julio

juillet

agosto

août

septiembre
....
septembre

octubre
....
octobre

noviembre
....
novembre

diciembre
....
décembre

formas
les formes

círculo
....
le cercle

cuadrado
....
le carré

rectángulo
....
le rectangle

triángulo
....
le triangle

esfera
....
la sphère

cubo
....
le cube

blanco

blanc

amarillo

jaune

naranja

orange

rosa

rose

rojo

rouge

violeta

violet

azul

bleu

verde

vert

marrón

marron

gris

gris

negro

noir

mucho / poco

beaucoup / peu

enojado / tranquilo

fâché / calme

lindo / feo

joli / laid

principio / fin

le début / la fin

grande / chico

grand / petit

claro / oscuro

clair / obscure

hermano / hermana

le frère / la sœur

limpio / sucio

propre / sale

completo / incompleto

complet / incomplet

día / noche

le jour / la nuit

muerto / vivo

mort / vivant

ancho / angosto

large / étroit

comestible / no comestible

comestible / incomestible

malo / amable

méchant / gentil

entusiasmado / aburrido

excité / ennuyé

gordo / flaco

gros / mince

primero / último

le premier / le dernier

amigo / enemigo

l'ami / l'ennemi

lleno / vacío

plein / vide

duro / blando

dur / souple

pesado / liviano

lourd / léger

hambre / sed

faim / soif

enfermo / sano

malade / sain

ilegal / legal

illégal / légal

inteligente / estúpido

intelligent / stupide

izquierda / derecha

gauche / droite

cerca / lejos

proche / loin

nuevo / usado
nouveau / usé

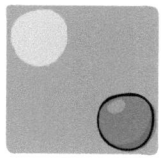

nada / algo
rien / quelque chose

viejo / joven
vieux / jeune

encendido / apagado
marche / arrêt

abierto / cerrado
ouvert / fermé

silencioso / ruidoso
faible / fort

rico / pobre
riche / pauvre

correcto / incorrecto
correct / incorrect

áspero / suave
rugueux / lisse

triste / contento
triste / heureux

corto / largo
court / long

lento / rápido
lent / rapide

mojado / seco
mouillé / sec

caliente / frío
chaud / froid

guerra / paz
la guerre / la paix

números
les nombres

0

cero

zéro

1

uno

un

2

dos

deux

3

tres

trois

4

cuatro

quatre

5

cinco

cinq

6

seis

six

7

siete

sept

8

ocho

huit

9

nueve

neuf

10

diez

dix

11

once

onze

12
doce
douze

13
trece
treize

14
catorce
quatorze

15
quince
quinze

16
dieciséis
seize

17
diecisiete
dix-sept

18
dieciocho
dix-huit

19
diecinueve
dix-neuf

20
veinte
vingt

100
cien
cent

1.000
mil
mille

1.000.000
millón
le million

idiomas

les langues

inglés
....
l'anglais

inglés americano
....
l'anglais américain

chino mandarín
....
le chinois mandarin

hindi
....
le hindi

español
....
l'espagnol

francés
....
le français

árabe
....
l'arabe

ruso
....
le russe

portugués
....
le portugais

bengalí
....
le bengali

alemán
....
l'allemand

japonés
....
le japonais

yo

je

vos

tu

él / ella

il / elle

nosotros

nous

ustedes

vous

ellos

ils / elles

¿quién?

qui?

¿qué?

quoi?

¿cómo?

comment?

¿dónde?

où?

¿cuándo?

quand?

nombre

le nom

dónde

où

detrás
derrière

en
dans

adelante de
devant

por encima de
au-dessus

sobre
sur

debajo de
en-dessous

al lado de
à côté de

entre
entre

lugar
le lieu